बशीर बद्र

नई ग़ज़ल का एक नाम

बशीर बद्र

नयी ग़ज़ल का एक नाम

भूमिका एवं सम्पादन

निदा फ़ाज़ली

वाणी प्रकाशन

वाणी प्रकाशन
4695, 21-ए, दरियागंज, नयी दिल्ली 110 002

फ़ोन : +91 11 23273167 फ़ैक्स : +91 11 23275710

शाखाएँ

अशोक राजपथ, पटना 800 004, बिहार

कॉफ़ी हाउस कैम्पस, महात्मा गांधी मार्ग, इलाहाबाद 211 001, उत्तर प्रदेश

महात्मा गांधी अन्तरराष्ट्रीय हिन्दी विश्वविद्यालय, वर्धा 442 001, महाराष्ट्र

सुल्तानिया रोड, मोतिया पार्क, भोपाल 462 001, मध्य प्रदेश

www.vaniprakashan.com
marketing@vaniprakashan.in
sales@vaniprakashan.in

BASHIR BADRA
(Nai Ghazal Ka Ek Naam)
Edited by Nida Fazli

ISBN : 978-93-5229-112-0
Ghazals

संस्करण 1997, 2006, 2010, 2012, 2014
आवृत्ति 2020

मूल्य : ₹ 125

सिटी प्रेस, दिल्ली-110 095 में मुद्रित

वाणी प्रकाशन का लोगो मक़बूल फ़िदा हुसेन की कूची से

अनुक्रम

वो ग़ज़ल वालों का उस्लूब समझते होंगे	15
कभी यूँ भी आ मेरी आँख में	16
आँसुओं की जहाँ पायमाली रही	17
अभी इस तरफ़ न निगाह कर	18
कहाँ आँसुओं की ये सौग़ात होगी	19
कोई काँटा चुभा नहीं होता	20
सौ खुलूस बातों में सब करम ख़यालों में	21
वो चाँदनी का बदन ख़ुश्बुओं का साया है	22
दुआ करो कि ये पौदा सदा हरा ही लगे	23
मुस्कुराती हुई धनक है वही	24
आस होगी न आसरा होगा	25
पत्थर के जिगर वालो ग़म में वो रवानी है	26
सर पे साया सा दस्ते दुआ याद है	27
दूसरों को हमारी सज़ाएँ न दे	28
ख़ुश रहे या बहुत उदास रहे	29
इस तरह साथ निभना है दुश्वार सा	30
मेरी आँखों में ग़म की निशानी नहीं	31
इक दिन ये धरती नीला अम्बर होती	32
चरवाहा भेड़ों को लेकर घर घर आया रात हुई	33
इक सवारी आएगी इक जाएगी	34
सुनसान रास्तों से सवारी न आएगी	35
होठों पे मुहब्बत के फ़साने नहीं आते	36
हमारे भी हैं लोग ऐवान में	37
बड़े ताजिरों की सताई हुई	38
आँधियों के साथ क्या मंज़र सुहाने आए हैं	39

स्याहियों से बने हर्फ़ हर्फ़ धोते हैं 40
युँ ही बेसबब न फिरा करो 41
चमक रही है पड़ों में उड़ान की ख़ुश्बू 42
आँखों में रहा दिल में उतर कर नहीं देखा 43
हँसी, मासूम सी बच्चों की कापी में, इबारत सी 44
तलवार से काटा है फूलों भरी डालों को 45
उदास आँखों से आँसू नहीं निकलते हैं 46
कोई लश्कर है कि बढ़ते हुए ग़म आते हैं 47
सँवार नोक पलक अब्रुओं में ख़म कर दे 48
मुहब्बत से इनायत से वफ़ा से चोट लगती है 49
सभी से इन दिनों रूठा हुआ सा लगता हूँ 50
मेरे साथ तुम भी दुआ करो··· 51
मेरे दिल की राख कुरेद मत··· 52
वो दुरूदों के सलामों के नगर याद आए 53
मेरा उससे वादा था घर रहने का 54
कभी तो शाम गये अपने घर गये होते 55
किसी की याद में पलकें ज़रा भिगो लेते 56
वही ताज है वही तख़्त है··· 57
ख़ुदा हम को ऐसी ख़ुदाई न दे 58
अब किसे चाहें किसे ढूँढ़ा करें 59
सिसकते आब में किस की सदा है 60
हर जनम में उसी की चाहत थे 61
मेरे बिस्तर पे सो रहा है कोई 62
तेरा हाथ मेरे काँधे पर··· 63
पास से देखो जुगनू आँसू··· 64
मेरी ज़िन्दगी भी मेरी नहीं··· 65
अब हुई दास्ताँ रकम बाबा 66
फूल बरसे कहीं शबनम कहीं गौहर बरसे 67
लहरों में डूबते रहे दरिया नहीं मिला 68
अगर तलाश करूँ कोई मिल ही जायगा 69
रेत भरी है इन आँखों में··· 70
हम बिखरते हैं तीरगी की तरह 71
अब तेरे मेरे बीच ज़रा फ़ासला भी हो 72
तमाम आग है दिल राह ख़ारो ख़स की नहीं 73

हमारा दिल सवेरे का सुन्हेरा जाम हो जाए 74
दिखला के यही मंज़र बादल चला जाता है 75
राहों में कौन आया गया कुछ पता नहीं 76
ख़्वाब की वादियों से निकलता हुआ 77
हम को बेकार लिये फिरते हो बाज़ारों में 78
वो अपने घर चला गया अफ़सोस मत करो 79
सोचा नहीं अच्छा बुरा देखा सुना कुछ भी नहीं 80
उदासी का ये पत्थर आँसुओं से नम नहीं होता 81
मुझ से बिछड़ के ख़ुश रहते हो 82
अब दिलों के अलावा पढ़ना क्या 83
मुसाफ़िर के रस्ते बदलते रहे 84
जहाँ पेड़ पर चार दाने लगे 85
यूँ दिल को गुदगुदाया हर ग़म जगा दिया है 86
भूल शायद बहुत बड़ी कर ली 87
बेवफ़ा रास्ते बदलते हैं 88
इसे फ़न नहीं पर्दा-ए-फ़न कहो 89
सरे राह कुछ भी कहा नहीं··· 90
रातों के मुसाफ़िर हो अँधेरों में रहोगे 91
कभी यूँ मिलो कोई मसलेहत··· 92
घर से निकले अगर हम बहक जाएँगे 93
सूरज चन्दा जैसी जोड़ी हम दोनों 94
आँसुओं के साथ सब कुछ बह गया 95
ख़ाक जब ख़ाकसार लगती है 96

बशीर बद्र—नई ग़ज़ल का एक नाम

बशीर बद्र न शराब पीते हैं, न सिगरेट से अपनी तनहाई बहलाते हैं। वह वक़्त गुज़ारी के लिए दूसरे शायरों की बुराई के आनंद से भी दूर हैं। वह जहाँ भी मिलते हैं अपने नये शेर सुनाते हैं। सुनाने से पहले यही कहते हैं कि भाई नये शेर हैं कोई भूल चूक हो गयी हो तो बता दो, इस्लाह कर दो। लेकिन सुनाने का अंदाज ऐसा होता है जैसे कह रहे हों… ''क्यों झक मारते हो—ग़ज़ल कहना हो तो इस तरह कहा करो।''

उनके हैंड बैग में उनके चुने हुए शेरों के साथ उनकी शायरी से संबंधित एक सवालनामे की कई ज़िरॉक्स कॉपियाँ भी होती हैं। अगर आपने उनके शेर पढ़कर इन सवालों के जवाब उनके मिज़ाज और पसन्द के अनुसार लिख दिये तो वह अपने बाद आपको भी कुछ देर के लिए दूसरा बड़ा शायर मानने में संकोच नहीं करेंगे। उनके इस दूसरे बड़े शायर के नाम और चेहरे हर शहर और देश में बदलते रहते हैं। अमेरिका में बोस्टन के एयरपोर्ट पर इस दूसरे बड़े शायर का नाम क़तील शिफ़ाई था। और कोटा में एक मुशायरे से पहले निदा फ़ाज़ली।

वह काफ़ी मशहूर शायर हैं। लेकिन अपनी शायरी पर हर छोटे-बड़े से लिखने-लिखाने का अनुरोध करना उनकी कमज़ोरी है। इस मामले में वह काफ़ी खुले दिल के हैं। अपनी शायरी पर खुद मज़मून लिखकर भी वह फ़िराक़ की तरह दूसरों के नाम से छपवाने में कंजूसी नहीं करते। जुमले से जुमला तराशना उनकी ज़हानत है और पूरी बत्तीसी से पहले ख़ुद हँस कर मुखातिब को हँसने पर मजबूर करना उनकी आदत है। मिज़ाज से रूमानी हैं, लेकिन उनके साथ अभी तक किसी इश्क़ की कहानी मंसूब नहीं हुई। जिस उम्र में इश्क़ के लिए शरीर ज़्यादा जाग्रत होता है वह शौहर बनकर घरबार के हो जाते हैं। अब जो भी अच्छा लगता है उसे बहन बनाकर रिश्तों की तहज़ीब निभाते हैं।

मुशायरों में बहुत बुलाये जाते हैं। मुशायरे से पहले अक्सर नर्वस हो जाते हैं। गले के लिए दवाई तलाश करते हैं। आवाज़ के लिए परहेज़ी खाना खाते हैं। लेकिन स्टेज पर खड़े होते ही परफ़ारमर बन जाते हैं। शेर कम सुनाते हैं, शेर के माने और उसके महत्त्व पर ज़्यादा बातें करते हैं।

अगर ग़ालिब के समकालीन मोमिन खाँ मोमिन की ज़मीन में ग़ज़ल सुनायेंगे तो पहले 'मोमिन' की महानता पर कुछ जुमले दोहरायेंगे और फिर सुननेवालों को अपनी नम्रता से प्रभावित करके—देखो इस तरह से कहते हैं, सुख़नवर सेहरा (ग़ालिब के सेहरे की एक पंक्ति जिसमें उनके समकालीन 'ज़ौक़' पर व्यंग्य है) के से अंदाज़ में अपने शेर सुनायेंगे और यूँ जनता में 'खाँ साहब' की किरकिरी करके अपना मरतबा बढ़ायेंगे।

शेरों के दरमियान यह मुसलसल कमेंटरी मुशायरों में बशीर बद्र की पहचान है। इस कमेंटरी के अलावा उनके पास और भी कई आज़मूदा लटके-झटके हैं, जिनका इस्तेमाल वह कामयाबी से करते हैं और मुशायरों में तालियाँ पाते हैं।

पाकिस्तान के शायर अहमद फ़राज़ ने एक बार उन्हें सुनकर सारे भारत के शायरों के बारे में कहा था, "भारत के शायर शेर नहीं सुनाते, सुननेवालों से प्रशंसा की भीख माँगते हैं।" इस क़िस्म के जले-कटे जुमले तराशना आसान है लेकिन इस हक़ीक़त से इनकार मुश्किल है कि बशीर बद्र ने दाग़ स्कूल के शायरों की तरह न सिर्फ़ मुशायराबाज़ी को फ़न बनाया है बल्कि स्टेज की कम उम्र गायिकाओं और दूसरे करतबबाज़ों के सामने अच्छी शायरी का मरतबा भी बढ़ाया है। इसके लिए उन्होंने अपने आपको ही तराशा ख़राशा नहीं, अपनी ग़ज़ल की जुबान और ख़यालों के बयान को भी नये साँचों में ढालने की कोशिश की है।

बशीर बद्र शायर होने के साथ उर्दू ग़ज़ल के साहिबे किताब आलोचक भी हैं। अपनी किताब आज़ादी के बाद उर्दू ग़ज़ल में उन्होंने क़मजोर शायरी की पहचान के साथ, तंदुरुस्त ग़ज़ल की भी कुछ निशानियाँ गिनायी हैं। कमज़ोर शेरों की मिसालों के लिए उन्हें तक़रीबन 700 वर्षों के इतिहास की ख़ाक छाननी पड़ी, लेकिन तंदुरुस्त शेरों की तलाश में उन्हें ज़्यादा वक़्त ख़र्च नहीं करना पड़ा, घर में अल्लाह का दिया हुआ सब कुछ था, जी खोल कर अपने शेरों का इस्तेमाल किया।

उन पर यह इल्ज़ाम लगाना तो ठीक नहीं है कि वह अपने समकालीनों से वाक़िफ़ नहीं हैं। लेकिन अपने मेयार से किसी क़िस्म का समझौता करने के वह रवादार नहीं हैं, यही उनकी ईमानदारी है। उनका मेयार खुद उनकी ग़ज़ल है।

वह उर्दू अदब के डॉक्टर भी हैं। मेरठ कॉलेज में अदब के उस्ताद भी रहे हैं, उन्होंने मीर व ग़ालिब को क्लास में पढ़ाया है। हाली और इक़बाल के बदलते हुए अंदाज़ से लड़के-लड़कियों को परिचित कराया है। नज़ीर और अनीस की कलाकारी को दर्शाया है। यगाना और फ़िराक़ के साथ सर खपाया है, तब कहीं जा के यह राज़ पाया है कि उनसे पहले के, साथ के और बाद के शायरों ने यूँ ही वक़्त गँवाया है, लफ़्ज़ों को ग़ज़ल बनाने का हुनर तो क़ुदरत ने उन्हीं के नाम तय फ़रमाया है।

अपनी तीसरी किताब 'आमद' की भूमिका में 2035 के पढ़नेवालों के नाम अपने ख़त में उन्होंने इस रहस्य को यूँ दोहराया है।

"आज 1985 की ग़ज़ल में मुझसे ज़्यादा लोकप्रिय और महबूब शायर जीवित नहीं है। मैं ज़ोर देकर यह कहना चाहता हूँ कि आपके युग में जो ग़ज़ल रवां दवां है उसका शुभारंभ मुझ नाचीज़ के चिरागों से हुआ है।" बशीर बद्र का यह ख़याल जो समय के साथ, उनका यक़ीन बन गया है, उनकी काव्यशक्ति को तीन संकलन : **इकाई**, **इमेज**, और **आमद** के बाद भी बुझने से बचाये हुए है। वह बराबर लिखते जा रहे हैं, जबकि उनके साथ के कई लिखनेवाले पुरानी साख के बल पर ही अपने आपको शायर कहलवा रहे हैं।

मुमकिन है बशीर बद्र की यह आत्म-पूजा कुछ लोगों को खटकती हो लेकिन ऐसा भला कौन है जिसकी राय अपने संबंध में अच्छी न हो, 'मीर' का अहंकार, 'ग़ालिब' का अपने आपसे प्यार, 'अनीस' का काव्य-गर्व, 'यगाना' का ग़ालिब-विरोध, जोश व फ़िराक़ का अपनी महानता का अहसास हमारी ऐतिहासिक यादों का सरमाया है। फ़र्क सिर्फ़ अंदाज़े इज़हार का है। कुछ बेबाक और डाइरेक्ट होते हैं, कुछ शायरी की ज़ुबान में अपनी महानता के गुण गाते हैं। बशीर बद्र ने इस इनसानी कमजोरी का इज़हार गद्य में दो और दो चार की भाषा में किया है। इसीलिए उनसे लोग ज़्यादा ख़फ़ा हैं। संभवतः यह दो टूक अंदाज़, अपनी शायरी के बारे में खुद उनकी राय और उनकी शायरी के बारे में आलोचकों की राय के अंतर की प्रतिक्रिया हो जो कहीं-कहीं उनके गद्य में जुनून की सीमाओं को छूने लगती है। उन्हें आलोचकों से शिकायत है, इस शिकायत ने उन्हें आप अपना प्रशंसक बना दिया है।

कुछ समय पहले अलीगढ़ से निकलनेवाली एक मासिक पत्रिका अल्फ़ाज़ के संपादक ने, वर्तमान युग में पाठक और साहित्य की दूरी के मसले पर कुछ अदीबों और शायरों के विचार आमंत्रित किये थे, इस परिचर्चा में बशीर बद्र ने अपने ख़यालात को यूँ ज़ुबान दी थी।

"यह मसला मेरा नहीं है। भारत की 75 करोड़ आबादी, पाकिस्तान के साहित्यिक केंद्र, पश्चिम में टोरेंटो, न्यूयॉर्क, लंदन में कितने लोग मुझे पसंद करते हैं, इसका शुमार मुश्किल है।"

कुछ आलोचकों की कविता की समझ-बूझ पर शक किया जा सकता है। इसकी कई मिसालें भी मिल जाती हैं। लेकिन इस विरोध में सिर्फ़ मुशायरों की लोकप्रियता को शायरी का मेयार मान लेना भी शायर की मासूमियत की दलील है। मुशायरों की सफलताओं ने कई प्रगतिशील प्रतिभाओं की जो हत्या की है, वह सबके सामने है। इस सूची में अब बशीर बद्र का नाम भी शामिल होता जा रहा है।

बशीर बद्र की काव्ययात्रा उनके पहले संकलन 'इकाई' से शुरू होती है। इसमें जो ग़ज़लें शामिल हैं उनमें वह प्रचलित फ़ैशन से प्रभावित होते हुए भी अपनी आवाज़ की खोज की कशमकश से गुज़रते महसूस होते हैं। यहाँ लफ़्ज़ों की करतब बाज़ी से चौंकाने के साथ ऐसे शेर भी मिलते हैं जो शायर की आइंदा शायरी की दिशाओं को निर्धारित करते हैं। इन दोनों रवैयों की कुछ मिसालें :

(1) यहाँ दूसरा कोई बिस्तर नहीं,
तो क्या मैं तुम्हें कोई खा जाऊँगा।

मछलियाँ टूटती है कारों पर
घोड़े स्कूटरों के दीवाने।

(2) उजाले अपनी यादों के हमारे साथ रहने दो
न जाने किस गली में ज़िंदगी की शाम हो जाये।

जिंदगी तेरी फिक्रें, खिलते ही गुलाबों का रस निचोड़ लेती हैं
फूल जैसी उम्रों के सोचते हुए बच्चे बूढ़े होते जाते हैं।

आखिर के दोनों शेरों में जज़्बे और अहसास की जो मौलिक गरिमा और अभिव्यक्ति की ताज़गी मिलती है वह दूसरे शेरों से न सिर्फ़ अलग है, इनमें ग़ज़ल के प्रचलित शब्दों से दूरी और इर्द गिर्द के माहौल से उनकी निकटता उन तब्दीलियों का परिचय कराती है जो बाद में ज़्यादा सफ़ाई और गहराई से उनकी ग़ज़ल की पहचान बनती है।

दुनिया में कहीं इनकी तालीम नहीं होती
दो चार किताबों को घर में पढ़ा जाता है।

कभी बरसात में शादाब बेलें सूख जाती हैं
हरे पेड़ों के गिरने का कोई मौसम नहीं होता

शायरी की यह सहज, सरल भाषा और आसपास की जानी-पहचानी चीज़ों और दृश्यों का प्रतीकों, बिंबों और उपमाओं के रूप में उपयोग यूँ तो मीर, नज़ीर, आरजू और फ़िराक़ के यहाँ भी मिलता है, लेकिन आज़ादी के बाद उर्दू में मजीद अमजद, नासिर काज़मी, मुनीर नियाज़ी, मुहम्मद अलवी, बिमल कृष्ण अश्क आदि के सामूहिक प्रयत्नों में यह एक रवैये की सूरत में नज़र आता है। इस संदर्भ में सरदार जाफ़री का ज़िक्र भी ज़रूरी है। जिन्होंने अपनी शायरी के एक दौर में व्हटमेन, नाज़िम हिकमत और पाब्लो के प्रभाव में कविता का रिश्ता उस ज़मीन से जोड़ने का प्रयास किया है जो आँखों में जाने-पहचाने दृश्यों के रूप में सदा जीती-जागती है। जाफ़री की कुछ पंक्तियाँ यूँ हैं–

धुएँ से काले तवे की चिनगारियों के होठों से हँस रहे हैं,
गाय के थन से निकलती है चमकती चाँदी
इमलियों के पत्तों पर धूप पर सुखाती है।

चावलों के दानों पर मुफ़लिसी बरसती है।

यहाँ यह कहना भी ज़रूरी है कि जाफ़री का यह ज़मीनी लहजा, जो वक़्त के साथ ख़ुद जाफ़री की नज़र में अपना महत्त्व खो चुका है, उर्दू शायरी के उस मंज़रनामे में जिसका ऊपर ज़िक्र किया है एक विशेष रोल अदा करता है।

बशीर बद्र की ग़ज़ल इसी मंज़रनामे का एक दृश्य है। उन्होंने अपनी ग़ज़ल को, उस क्लासिकी बोझल भाषा से अलग करके, जिसके नमूने ख़ुद उनकी शुरू की शायरी में कई जगह नज़र आते हैं। जैसे—

मजरूह बहुत है दिल फिर भी शफ़क़िस्ताँ है
यह बर्गेख़िज़ाँ-दीदा हमराज़े बहाराँ है।

उसी शब्दावली से सँवारा-सजाया है जो उनसे पहले नज़्म, ग़ज़ल, रुबाई और मसनवियों में कई रूपों में बिखरी हुई दिखाई देती है। बशीर बद्र ने इस बिखराव के संयोजन से अपनी ग़ज़ल को रागात्मकता प्रदान की है। उनकी ग़ज़ल में ठेठ खड़ी बोली का रचाव और इसका अनौपचारिक स्वभाव उनके ज़ेहन की होशियारी और जानकारी के नमूने हैं।

लेकिन मंचीय लोकप्रियता ने, उनकी ज़िहानत से कुछ अच्छा सुलूक नहीं किया। जैसे-जैसे वह मुशायरों में मशहूर होते गये, साहित्य के संजीदा पाठकों से दूर होते गये। उनके शब्दों की वह चमक-दमक, जो पहले उनकी सलीके मंदी की पहचान थी, ऊपरी बनाव सिंघार का शिकार होकर रह गयी। उनकी ग़ज़ल के नायक-नायिका भी उनकी इसी कमज़ोरी के कारण 18-19 वर्षों वाली उम्रों से आगे नहीं बढ़ सके। इन पात्रों के उठने-बैठने, चलने-फिरने और मिलने-जुलने के तौर तरीक़ों में उस गंभीरता की कमी बुरी तरह खटकती है जो उनसे पहले फ़िराक़ और बाद में उनके साथ के नासिर काज़मी, इब्ने इन्शा और दूसरों की ग़ज़ल का महत्त्व बढ़ाती हैं। बशीर बद्र के इस क़िस्म के शेरों में उनका नाबालिग़ प्रेम यूँ ज़ाहिर होता है।

वह चेहरा किताबी रहा सामने
बड़ी ख़ूबसूरत पढ़ाई रही !

मेरे सीने पे ख़ुशबू ने सर रख दिया
मेरी बाँहों में फूलों की डाली रही

डाली गुलाब की मेरे सीने से आ लगी
झटके के साथ कार का रुकना ग़ज़ब हुआ

चाँद ने रात मुझको जगाकर कहा
एक लड़की तुम्हारा पता ले गयी।

बशीर बद्र की ज़मीनी भाषा ने उनकी ग़ज़ल को नई ज़िंदगी से ज़रूर क़रीब किया है, इसने उनको भीड़ में अपना चेहरा भी दिया है। लेकिन अपने इश्क़ से ले कर युग के बोध तक वह परंपरागत मूल्यों के दायरे से आज़ाद नहीं हो पाते। वह बार-बार के देखे हुए मंज़रों को नये-नये ज़ावियों से चित्रित करते रहते हैं। उनके शब्द युग की पेचीदगियों और व्यक्ति और समाज के रिश्तों के नये स्तरों का अहाता नहीं कर पाते ! वह दिल और दिमाग़ से ज़्यादा आँख से काम लेते हैं, यही वजह है अक्सर ग़ज़लों में उनके शब्द और विषय आपस में घुलमिल कर एक इकाई बनने के बजाय एक-दूसरे से अलग नज़र आते हैं। वह शब्दों को अनुभवों की हरारतों से रौशन नहीं करते, अपनी कलाकारी से उन्हें खूबसूरत बनाते हैं, बार-बार चंद लफ़्ज़ों का इस्तेमाल जैसे चाँद, फूल, आँसू आदि भी उनकी इसी कमज़ोरी का नतीजा हैं।

बशीर बद्र साठोत्तरी पीढ़ी के मशहूर शायर हैं। उनके कुछ शेरों ने उर्दू ग़ज़ल के दामन में नये सितारे टाँके हैं। उनके लिरिकल मिज़ाज ने कई ऐसे लफ़्ज़ों को भी ग़ज़ल का सजाव दिया है जो बरसों से ग़ज़ल के दायरे से बाहर समझे जाते थे। वह अलग-अलग शेरों के शायर हैं। उनकी ग़ज़लें बहुत कम किसी एक मूड का दायरा बनती हैं। इसकी वजह इज़हार व बयान के नये रूपकों से उनकी ज़रूरत से ज़्यादा रुचि है। वह नइ-नई इमेजेज़ और उपमाओं की खोज में इतने खो जाते हैं कि जी हुई साँसों का हिसाब-किताब भूल जाते हैं।

शोहरत की बुलंदी भी इक पल का तमाशा है
जिस शाख़ पे बैठे हो वह टूट भी सकती है।

बशीर बद्र, आज़ादी के बाद की उर्दू ग़ज़ल का एक खूबसूरत नाम हैं। उन्होंने अपने समकालीनों में अपनी ग़ज़ल को एक अलग पहचान देने का प्रयत्न किया है। वो अपनी कमज़ोरियों और खूबियों के साथ नई ग़ज़ल की भूमिका का आवश्यक हिस्सा हैं।

–निदा फ़ाज़ली

1

वो ग़ज़ल वालों का उस्लूब[1] समझते होंगे
चाँद कहते हैं किसे ख़ूब समझते होंगे

इतनी मिलती है मेरी ग़ज़लों से सूरत तेरी
लोग तुझ को मेरा महबूब समझते होंगे

मैं समझता था मुहब्बत की ज़बाँ ख़ुश्बू है
फूल से लोग इसे ख़ूब समझते होंगे

भूल कर अपना ज़माना ये ज़माने वाले
आज के प्यार को मायूब[2] समझते होंगे

1. शैली
2. बुरा

2

कभी यूँ भी आ मेरी आँख में कि मेरी नज़र को ख़बर न हो
मुझे एक रात नवाज़ दे मगर इसके बाद सहर न हो

वो बड़ा रहीमो-करीम[1] है मुझे ये सिफ़त[2] भी अता करे
तुझे भूलने की दुआ करूँ तो मेरी दुआ में असर न हो

मेरे बाजुओं में थकी थकी अभी महवेख़्वाब[3] है चाँदनी
न उठे सितारों की पालकी अभी आहटों का गुज़र न हो

कभी दिन की धूप में झूम के कभी शब के फूल को चूम के
यूँ ही साथ साथ चलें सदा, कभी ख़त्म अपना सफ़र न हो

1. रहम और करम करनेवाला ईश्वर, 2. विशेषता, 3. सपने में खोई

3

आँसुओं की जहाँ पायमाली[1] रही
ऐसी बस्ती चराग़ों से ख़ाली रही

दुश्मनों की तरह उससे लड़ते रहे
अपनी चाहत भी कितनी निराली रही

जब कभी भी तुम्हारा ख़याल आ गया
फिर कई रोज़ तक बेख़याली रही

लब तरसते रहे इक हँसी के लिये
मेरी कश्ती मुसाफ़िर से ख़ाली रही

चाँद तारे सभी ह़म सफ़र थे मगर
ज़िन्दगी रात थी रात काली रही

मेरे सीने पे ख़ुश्बू ने सर रख दिया
मेरी बाँहों में फूलों की डाली रही

1. पद ध्वस्त

4

अभी इस तरफ़ न निगाह कर मैं ग़ज़ल की पलकें सँवार लूँ
मेरा लफ़्ज़ लफ़्ज़ हो आईना तुझे आईने में उतार लूँ

मैं तमाम दिन का थका हुआ, तू तमाम शब का जगा हुआ
ज़रा ठहर जा इसी मोड़ पर तेरे साथ शाम गुज़ार लूँ

अगर आसमाँ की नुमाइशों में मुझे भी इज़्ने क़याम[1] हो
तो मैं मोतियों की दुकान से तेरी बालियाँ तेरे हार लूँ

कई अजनबी तेरी राह के मेरे पास से यूँ गुज़र गए
जिन्हें देखकर ये तड़प हुई तेरा नाम ले के पुकार लूँ

1. ठहराव का आदेश

5

कहाँ आँसुओं की यह सौग़ात होगी
नये लोग होंगे नई बात होगी

मैं हर हाल में मुस्कुराता रहूँगा
तुम्हारी मुहब्बत अगर साथ होगी

चराग़ों को आँखों में महफ़ूज़[1] रखना
बड़ी दूर तक रात ही रात होगी

मुसाफ़िर हैं हम भी मुसाफ़िर हो तुम भी
किसी मोड़ पे फिर मुलाक़ात होगी

1. सुरक्षित

6

कोई काँटा चुभा नहीं होता
दिल अगर फूल सा नहीं होता

कुछ तो मजबूरियाँ रही होंगी
यूँ कोई बेवफ़ा नहीं होता

गुफ़्तुगू उनसे रोज़ होती है
मुद्दतों सामना नहीं होता

जी बहुत चाहता सच बोलें
क्या करें हौसला नहीं होता

रात का इन्तिज़ार कौन करे
आजकल दिन में क्या नहीं होता

7

सौ ख़ुलूस[1] बातों में सब करम ख़यालों में
बस ज़रा वफ़ा कम है तेरे शहर वालों में

पहली बार नज़रों ने चाँद बोलते देखा
हम जवाब क्या देते खो गये सवालों में

रात तेरी यादों ने दिल को इस तरह छेड़ा
जैसे कोई चुटकी ले नर्म नर्म गालों में

मेरी आँख के तारे अब न देख पाओगे
रात के मुसाफ़िर थे खो गये उजालों में

1. निश्छलता

8

वो चाँदनी का बदन ख़ुश्बुओं का साया है
बहुत अज़ीज़ हमें है मगर पराया है

उतर भी आओ कभी आसमाँ के ज़ीने से
तुम्हें ख़ुदा ने हमारे लिये बनाया है

महक रही है ज़मीं चाँदनी के फूलों से
ख़ुदा किसी की मुहब्बत पे मुस्कुराया है

उसे किसी की मुहब्बत का एतबार नहीं
उसे ज़माने ने शायद बहुत सताया है

तमाम उम्र मेरा दम उसी धुएँ में घुटा
वो इक चराग़ था मैंने उसे बुझाया था

9

दुआ करो कि यह पौदा सदा हरा ही लगे
उदासियों में भी चेहरा खिला खिला ही लगे

अजीब शख़्स है नाराज़ होके हँसता है
मैं चाहता हूँ ख़फ़ा हो तो वो ख़फ़ा ही लगे

वह ज़ाफ़रानी[1] पुलोवर उसी का हिस्सा है
जो दूसरा कोई पहने तो दूसरा ही लगे

नहीं है मेरे मुक़द्दर में रौशनी न सही
ये खिड़की खोलो ज़रा सुब्ह की हवा ही लगे

1. भगवा रंग

10

मुस्कुराती हुई धनक है वही
उस बदन में चमक दमक है वही

फूल कुम्हला गए उजालों के
साँवली शाम में नमक है वही

अब भी चेहरा चराग़ लगता है
बुझ गया है मगर चमक है वही

कोई शीशा ज़रूर टूटा है
गुनगुनाती हुई खनक है वही

प्यार किस का मिला है मिट्टी में
इस चमेली तले महक है वही

11

आस होगी न आसरा होगा
आने वाले दिनों में क्या होगा

मैं तुझे भूल जाऊँगा इक दिन
वक़्त सब कुछ बदल चुका होगा

नाम हम ने लिखा था आँखों में
आँसुओं ने मिटा दिया होगा

आसमाँ भर गया परिन्दों से
पेड़ कोई हरा गिरा होगा

कितना दुशवार था सफ़र उसका
वो सरेशाम[1] सो गया होगा… !

1. शाम होते ही

12

पत्थर के जिगर वालो ग़म में वो रवानी है
खुद राह बना लेगा बहता हुआ पानी है

इक ज़हने परेशाँ में वो फूल सा चेहरा है
पत्थर की हिफ़ाज़त में शीशे की कहानी है

रोने का असर दिल पर रह रह के बदलता है
आँसू कभी शीशा है आँसू कभी पानी है

ये शबनमी लहजा है आहिस्ता ग़ज़ल पढ़ना
तितली की कहानी है फूलों की ज़बानी है

13

सर पे साया सा दस्ते-दुआ[1] याद है
अपने आँगन में इक पेड़ था याद है

1. दुआ का हाथ

जिसमें अपनी परिन्दों से तशबीह[2] थी
तुम को स्कूल की वो दुआ याद है

2. उपमा

ऐसा लगता है हर इम्तहाँ के लिये
ज़िन्दगी को हमारा पता याद है

मयकेद में अज़ाँ सुन के रोया बहुत
इस शराबी को दिल से ख़ुदा याद है

मैं पुरानी हवेली का पर्दा, मुझे
कुछ कहा याद है कुछ सुना याद है

14

दूसरों को हमारी सज़ायें न दे
चाँदनी रात को बद्दुआयें न दे

फूल से आशिक़ी का हुनर सीख ले
तितलियाँ ख़ुद रुकेंगी सदायें न दे

सब गुनाहों का इक़रार करने लगें
इस क़दर ख़ूबसूरत सज़ायें न दे

मोतियों को छुपा सीपियों की तरह
बेवफ़ाओं को अपनी वफ़ायें न दे

मैं बिखर जाऊँगा आँसुओं की तरह
इस क़दर प्यार से बद्दुआयें न दे

15

ख़ुश रहे या बहुत उदास रहे
ज़िन्दगी तेरे आस पास रहे

चाँद इन बदलियों से निकलेगा
कोई आएगा दिल को आस रहे

हम मुहब्बत के फूल हैं शायद
कोई काँटा भी आस पास रहे

मेरे सीने में इस तरह बस जा
मेरी साँसों में तेरी बास रहे

आज हम सब के साथ ख़ूब हँसे
और फिर देर तक उदास रहे

16

इस तरह साथ निभना है दुशवार सा
तू भी तलवार सा मैं भी तलवार सा

अब है टूटा सा दिल ख़ुद से बेज़ार सा
इस हवेली में लगता था दरबार सा

ख़ूबसूरत सी पैरों में ज़ंजीर हों
घर में बैठा रहूँ मैं गिरफ़्तार सा

मैं फरिश्तों की सोहबत के लायक़ नहीं
हम सफर कोई होता गुनहगार सा

बात क्या है कि मशहूर लोगों के घर
मौत का सोग होता है त्योहार सा

17

मेरी आँखों में ग़म की निशानी नहीं
पत्थरों के प्यालों में पानी नहीं

मैं तुझे भूल कर भी नहीं भूलता
प्यार सोना है सोने का पानी नहीं

मेरी अपनी भी मजबूरियाँ हैं बहुत
मैं समुन्दर हूँ पीने का पानी नहीं

शाम के बाद बच्चों से कैसे मिलूँ
अब मेरे पास कोई कहानी नहीं

कोई आसेब[1] है इस हसीं शहर पर
शाम रौशन है लेकिन सुहानी नहीं

1. प्रतबाधा

18

इक दिन ये धरती नीला अम्बर होती
काश किसी सर पर मेरी चादर होती

जिन चीज़ों से दीवारें घर बनती हैं
ऐसी कोई चीज़ हमारे घर होती

कवर लिहाफ़ों के अक्सर बदले जाते
खाने की इक मेज़ हमारे घर होती

छुक छुक करती रेल गुज़रती आँगन में
गुड़िया होती गुड़िया की मोटर होती

दुनिया के बदसूरत हिस्से ढक जाते
अपने पास कोई ऐसी चादर होती

19

चरवाहा भेड़ों को लेकर घर घर आया रात हुई
तू पंछी, दिल तेरा पिंजरा, पिंजरे में जा रात हुई

कोई हमें हाथों से उठा कर बिस्तर में रख देता है
दुनिया वाले ये कहते हैं सूरज डूबा रात हुई

सुर्ख़ सुनहरा साफ़ा बाँधे शहज़ादा घोड़े से उतरा
काले ग़ार से कम्बल ओढ़े जोगी निकला रात हुई

शाम के साये ज़िन्दाँ[1] की दीवारें ऊँची करने लगे
फूल-सा दिल लोहे के पंजे में फिर आया, रात हुई

किसकी ख़ातिर धूप के गजरे इन शाख़ों ने पहने थे
जंगल-जंगल रोए मीरा, कोई न आया रात हुई

1. बन्दी घर

20

इक सवारी आएगी इक जाएगी
बारी बारी सब की बारी आएगी

फूल अगर पैरों के नीचे आएँगे
आँखों की बीनाई[1] कम हो जाएगी

1. ज्योत

21

सुनसान रास्तों से सवारी न आयगी
अब धूल से अटी हुई लारी न आयगी

छप्पर के चाय खाने भी अब ऊँघने लगे
पैदल चलो कि कोई सवारी न आयगी

सर पर ज़मीन लेके हवाओं के साथ जा
आहिस्ता चलने वाले की बारी न आयगी

पहचान हमने अपनी मिटाई है इस तरह
बच्चों में कोई बात हमारी न आयगी

22

होठों पे मुहब्बत के फ़साने नहीं आते
साहिल पे समुन्दर के ख़ज़ाने नहीं आते

पलकें भी चमक उठती हैं सोते में हमारी
आँखों को अभी ख़्वाब छुपाने नहीं आते

दिल उजड़ी हुई एक सराए की तरह है
अब लोग यहाँ रात जगाने नहीं आते

उड़ने दो परिन्दों को अभी शोख़ हवा में
फिर लौट के बचपन के ज़माने नहीं आते

इस शहर के बादल तेरी ज़ुल्फ़ों की तरह हैं
ये आग लगाते हैं बुझाने नहीं आते

अहबाब[1] भी ग़ैरों की अदा सीख गये हैं
आते हैं मगर दिल को दुखाने नहीं आते

1. मित्र

23

हमारे भी हैं लोग ऐवान[1] में
मगर फूल काग़ज़ के गुलदान में

मुक़द्दस[2] मज़ारों पे क़व्वालियाँ
नहाई हुई इत्रो-लोबान में

किधर चलती फिरती दुकानें गयीं
नुमाइश लगाई थी मैदान में

कोई फ़ैसला इतनी जल्दी न कर
ज़रा देर की जान पहचान में

लहू इतना सस्ता है इन्सान का
लिखा है कहाँ वेदो-क़ुरआन में

1. भवन
2. पावन

24

बड़े ताजिरों की सताई हुई
ये दुनिया दुल्हन है जलाई हुई

भरी दोपहर का खिला फूल है
पसीने में लड़की नहाई हुई

किरन फूल की पत्तियों में दबी
हँसी उसके होठों पे आई हुई

वो चेहरा किताबी रहा सामने
बड़ी ख़ूबसूरत पढ़ाई हुई

ख़ुशी हम ग़रीबों की जैसे मियाँ
मज़ारों पे चादर चढ़ाई हुई

25

आँधियों के साथ क्या मंज़र सुहाने आये हैं
आज मैदानों में बाग़ों के ख़ज़ाने आये हैं

अब मेरे तलवों के नीचे की ज़मीं आज़ाद है
आसमानों से मुझे बादल बुलाने आये हैं

ख़्वाब जिस दिल में रहा करते थे, कब का मर चुका
किस का दरवाज़ा ये बच्चे खटखटाने आये हैं

आज हम सब एक बेहतर ज़िन्दगी की दौड़ में
कैसे कैसे ख़्वाब क़ब्रों में सुलाने आये हैं

बारहा इस घर का बँटवारा हुआ और आज तक
अपने हिस्से में सदा दुख के ख़ज़ाने आये हैं

चार दुश्मन आ मिले हैं रात की छत के तले
मुद्दतों के बाद फिर अगले ज़माने आये हैं

26

स्याहियों से बने हर्फ़ हर्फ़[1] धोते हैं
ये लोग रात में काग़ज़ कहाँ भिगोते हैं

किसी की राह में देहलीज़ पर दिये न रखो
किवाड़ सूखी हुई लकड़ियों के होते हैं

उन्हीं में खेलने आती हैं बेरिया[2] रूहें
वो घर जो लाल हरी दफ़्तियों के होते हैं

क़दीम[3] क़स्बों में कैसा सुकून होता है
थके थकाये हमारे बुज़ुर्ग सोते हैं

चमकती है कहीं सदियों में आँसुओं से ज़मीं
ग़ज़ल के शेर कहाँ रोज़ रोज़ होते हैं

1. अक्षर
2. पाक निश्छल
3. पुरानी

27

युँ ही बेसबब न फिरा करो कोई शाम घर भी रहा करो
वह ग़ज़ल की सच्ची किताब है उसे चुपके चुपके पढ़ा करो

कोई हाथ भी न मिलाएगा जो गले मिलोगे तपाक[1] से
ये नये मिज़ाज का शहर है ज़रा फ़ासले से मिला करो

कभी हुस्ने परदा नशीं[2] भी हो, ज़रा आशिक़ाना लिबास में
जो मैं बन सँवर के कहीं चलूँ मेरे साथ तुम भी चला करो

नहीं बेहिजाब वो चाँद सा कि नज़र का कोई असर न हो
उसे इतनी गर्मिये-शौक़ से बड़ी देर तक न तका करो

ये ख़िज़ाँ की ज़र्द सी शाल है, जो उदास पेड़ के पास है
ये तुम्हारे घर की बहार है इसे आँसुओं से हरा करो

अभी राह में कई मोड़ हैं कोई आयगा कोई जायगा
तुम्हें जिस ने दिल से भुला दिया उसे भूलने की दुआ करो

1. खुलेपन से, 2. पर्दादार प्रेमिका

28

चमक रही है परों में उड़ान की ख़ुश्बू
बुला रही है बहुत आसमान की ख़ुश्बू

भटक रही है पुरानी दुलाइयाँ ओढ़े
हवेलियों में मेरे ख़ानदान की ख़ुश्बू

सुना के कोई कहानी हमें सुलाती थी
दुआओं जैसी बड़े पानदान की ख़ुश्बू

वो इत्रदान सा लहजा मेरे बुज़ुर्गों का
रची बसी हुई उर्दू ज़बान की ख़ुश्बू

गुलों पे लिखती हुई 'लाइलाहा-इल्लल-लाह'[1]
पहाड़ियों से उतरती अज़ान की ख़ुश्बू

1. ईश्वर के अलावा कोई दूसरा पूज्य नहीं, कलमे का पहला भाग

29

आँखों में रहा दिल में उतरकर नहीं देखा
किश्ती के मुसाफ़िर ने समुन्दर नहीं देखा

बेवक़्त अगर जाऊँगा सब चौंक पड़ेंगे
इक उम्र हुई दिन में कभी घर नहीं देखा

जिस दिन से चला हूँ मेरी मंज़िल पे नज़र है
आँखों ने कभी मील का पत्थर नहीं देखा

यह फूल मुझे कोई विरासत में मिले हैं
तुम ने मेरा काँटों भरा बिस्तर नहीं देखा

पत्थर मुझे कहता है मेरा चाहने वाला
मैं मोम हूँ, उसने मुझे छूकर नहीं देखा

30

हँसी, मासूम सी बच्चों की कापी में, इबारत[1] सी   1. लेखन
हिरन की पीठ पर बैठे परिन्दे की, शरारत सी

वो जैसे सर्दियों में गर्म कपड़े दे फ़क़ीरों को
लबों पर मुस्कुराहट थी, मगर कैसी हिक़ारत सी

सजाए बाजुओं पर बाज़[2] वह मैदाँ में तन्हा था   2. शिकरा
चमकती थी ये बस्ती धूप में ताराजो-ग़ारत[3] सी   3. वीरान

मेरी आँखों, मेरे होठों पे, ये कैसी तमाज़त[4] है   4. गर्मी
कबूतर के परों की रेशमी उजली हरारत सी

खिला दे फूल मेरे बाग़ में पैग़म्बरों जैसा
रक़म[5] हो जिसकी पेशानी पे इक आयत बशारत[6] सी   5. लिखित
6. शुभ सूचना

31

तलवार से काटा है फूलों भरी डालों को
दुनिया ने नहीं चाहा हम चाहने वालों को

मैं आग था फूलों में तब्दील हुआ कैसे
बच्चों की तरह चूमा उसने मेरे गालों को

अख़्लाक़[1] वफ़ा, चाहत सब क़ीमती कपड़े हैं
हर रोज़ न ओढ़ा कर इन रेशमी शालों को

1. नैतिकता

बरसात का मौसम तो लहराने का मौसम है
उड़ने दो हवाओं में बिखरे हुए बालों को

चिड़ियों के लिए चावल, पौदों के लिए पानी
थोड़ी सी मुहब्बत दे हम चाहने वालों को

मौला मुझे पानी दे मैंने नहीं माँगा था
चाँदी की सुराही को, सोने के प्यालों को

32

उदास आँखों से आँसू नहीं निकलते हैं
ये मोतियों की तरह सीपियों में पलते हैं

घने धुएँ में फ़रिश्ते भी आँख मलते हैं
तमाम रात खजूरों के पेड़ जलते हैं

मैं शाह राह[1] नहीं रास्ते का पत्थर हूँ
यहाँ सवार भी पैदल उतर के चलते हैं

उन्हें कभी न बताना मैं उनकी आँखें हूँ
वो लोग फूल समझकर मुझे मसलते हैं

कई सितारों को मैं जानता हूँ बचपन से
कहीं भी जाऊँ मेरे साथ साथ चलते हैं

ये एक पेड़ है आ इससे मिल के रोलें हम
यहाँ से तेरे मेरे रास्ते बदलते हैं

1. राजमार्ग

33

कोई लश्कर[1] है, कि बढ़ते हुए ग़म आते हैं
शाम के साए बहुत तेज़ क़दम आते हैं

1. सेना

दिल वो दरवेश[2] है जो आँख उठाता ही नहीं
इसके दरवाज़े पे सौ अहले-करम[3] आते हैं

2. साधु
3. करम करनेवाले

मुझसे क्या बात लिखानी है कि अब मेरे लिये
कभी सोने, कभी चाँदी के क़लम आते हैं

मैंने दो चार किताबें तो पढ़ी हैं लेकिन
शहर के तौर तरीक़े मुझे कम आते हैं

ख़ूबसूरत सा कोई हादसा आँखों में लिये
घर की देहलीज़ पे डरते हुए हम आते हैं

34

सँवार नोक पलक अब्रुओं[1] में ख़म कर दे
गिरे पड़े हुए लफ़्ज़ों को मोहतरम[2] कर दे

1. भवें
2. आदरणीय

ग़ुरूर उस पे बहुत सजता है मगर कह दो
इसी में उसका भला है ग़ुरूर कम कर दे

यहाँ लिबास की क़ीमत है आदमी की नहीं
मुझे गिलास बड़े दे, शराब कम कर दे

चमकने वाली है तहरीर मेरी क़िस्मत की
कोई चराग़ की लौ को ज़रा सा कम कर दे

किसी ने चूमके आँखों को यह दुआ दी थी
ज़मीन तेरी ख़ुदा मोतियों से नम कर दे

35

मुहब्बत से इनायत से वफ़ा से चोट लगती है
बिखरता फूल हूँ मुझको हवा से चोट लगती है

मेरी आँखों में आँसू की तरह इक रात आ आओ
तकल्लुफ़ से, बनावट से, अदा से चोट लगती है

तुझे ख़ुद अपनी मजबूरी का अंदाज़ा नहीं शायद
न कर अहदे वफ़ा[1] अहदेवफ़ा से चोट लगती है

1. प्रेम वचन

36

सभी से इन दिनों रूठा हुआ सा लगता हूँ
मैं अपने आपको अब बेवफ़ा सा लगता हूँ

तमाम रात मैं गिरती हुई हवेली में
दिलों से निकली हुई बद दुआ सा लगता हूँ

मेरी हँसी से उदासी के फूल खिलते हैं
मैं सब के साथ हूँ लेकिन जुदा सा लगता हूँ

मैं वो ख़ज़ाना हूँ हक़दार जिसकी दुनिया है
हज़ार हिस्सों में बाँटा हुआ सा लगता हूँ

37

मेरे साथ तुम भी दुआ करो यूँ किसी के हक़ में बुरा न हो
कहीं और हो न यह हादसा कोई रास्ते में जुदा न हो

सरेशाम ठहरी हुई जमीं, जहाँ आसमां है झुका हुआ
उसी मोड़ पर मेरे वास्ते वो चराग़ ले के खड़ा न हो

मेरी छत से रात की सेज तक कोई आँसुओं की लकीर है
ज़रा बढ़के चाँद से पूछना, वो इसी तरफ़ से गया न हो

वो फ़रिश्ते आप तलाश करिये कहानियों की किताब में
जो बुरा कहें न बुरा सुनें, कोई शख़्स उनसे ख़फ़ा न हो

वो फ़िराक़[1] हो कि विसाल[2] हो तेरी आग महकेगी एक दिन
वो गुलाब बन के खिलेगा क्या, जो चराग़ बन के जला न हो

1. बिछड़ना, 2. मिलन

38

मेरे दिल की राख कुरेद मत, उसे मुस्कुरा के हवा न दे
ये चराग़ फिर भी चराग़ है कहीं तेरा हाथ जला न दे

नये दौर के नये ख़्वाब हैं नये मौसमों के गुलाब हैं
ये मुहब्बतों के चराग़ हैं, इन्हें नफ़रतों की हवा न दे

ज़रा देख चाँद की पत्तियों ने बिखर बिखर के तमाम शब
तेरा नाम लिक्खा है रेत पर, कोई लहर आके मिटा न दे

मैं उदासियाँ न सजा सकूँ कभी जिस्मों-जाँ के मज़ार पर
न दिये जलें मेरी आँख में मुझे इतनी सख़्त सज़ा न दे

मैं ग़ज़ल की शबनमी आँख से, ये दुखों के फूल चुना करूँ
मेरी सलतनत मेरा फ़न[1] रहे मुझे ताजो-तख़्त ख़ुदा न दे

1. कला

39

वो दुरूदों के सलामों[1] के नगर याद आए
नातें[2] पढ़ते हुए क़स्बात[3] के घर याद आए

घर की मस्जिद में वो नूरानी अज़ाँ से चेहरे
इन मशीनों में दुआओं के शजर[4] याद आए

शाम के बाद कचहरी का थका सन्नाटा
बेगुनाही को अदालत के हुनर याद आए

मेरे सीने में कोई साँस चुभी रहती है
जैसे मज़दूर को परदेस में घर याद आए

कितने ख़त आए गए शाख़ पे फूलों की तरह
आज दरिया में चराग़ों के सफ़र याद आए

1. मुसलमानों की ओर से उनके पैग़म्बर पर दुरूद और सलाम
2. हज़रत मुस्तफ़ा की प्रशंसा
3. क़स्बे 4. वृक्ष

40

मेरा उससे वादा था घर रहने का
अपनी छत के नीचे दुख सुख सहने का

बारिश बारिश कच्ची क़ब्र का घुलना है
जाँ लेवा एहसास अकेले रहने का

अबके आँसू आँखों से दिल में उतरे
रुख़ बदला दरिया ने कैसा बहने का

हिज्रो-विसाल के क़िस्से सारे झूठे हैं
हक़ मिलता है किसको अपना कहने का

जगमग जगमग हीरे जैसी आँखों में
एक अजीब गुबार[1] हवेली ढहने का

1. धूल

41

कभी तो शाम गये अपने घर गये होते
किसी की आँख में रहकर सँवर गये होते

सिंघारदान में रहते हो आईने की तरह
किसी के हाथ से गिरकर बिखर गये होते

अजीब रात थी कल तुम भी आके लौट गये
जब आ गये थे तो पल भर ठहर गये होते

बहुत दिनों से है दिल अपना ख़ाली ख़ाली सा
ख़ुशी नहीं तो उदासी से भर गये होते

42

किसी की याद में पलकें ज़रा भिगो लेते
उदास रात की तन्हाइयों में रो लेते

दुखों का बोझ अकेले नहीं सँभलता है
कहीं वो मिलता तो उससे लिपट के रो लेते

तुम्हारी राह में शाखों पे फूल सूख गये
कभी हवा की तरह इस तरफ भी हो लेते

अगर सफ़र में हमारा भी हमसफ़र होता
बड़ी खुशी से इन्हीं पत्थरों पे सो लेते

43

वही ताज है, वही तख़्त है, वही ज़हर है वही जाम है
ये वही ख़ुदा की जमीन है, ये वही बुतों का निज़ाम[1] है 1. व्यवस्था

बड़े शौक़ से मेरा घर जला कोई आँच तुझ पे न आएगी
ये ज़बाँ किसी ने ख़रीद ली, ये क़लम किसी का ग़ुलाम है

यहाँ एक बच्चे के ख़ून से जो लिखा हुआ है उसे पढ़ो
तेरा कीरतन महापाप है, मेरा सज्दा करना हराम है

मैं ये मानता हूँ मेरे दिये तेरी आँधियों ने बुझा दिये
मगर एक जुगनू हवाओं में, अभी रौशनी का इमाम[2] है 2. अगुवा

44

ख़ुदा हम को ऐसी ख़ुदाई न दे
कि अपने सिवा कुछ दिखाई न दे

मुझे अपनी चादर में यूँ ढाँप लो
ज़मीं आसमाँ कुछ दिखाई न दे

गुलामी को बरकत समझने लगें
असीरों[1] को ऐसी रिहाई[2] न दे 1. बन्दी, 2. आज़ादी

ख़ुदा ऐसे इर्फ़ान[3] का नाम है 3. बोध
रहे सामने और दिखाई न दे

45

अब किसे चाहें किसे ढूँढ़ा करें
वो भी आख़िर मिल गया अब क्या करें

हल्की हल्की बारिशें होती रहें
हम भी फूलों की तरह भीगा करें

आँख मूँदे इस गुलाबी धूप में
देर तक बैठे उसे सोचा करें

दिल, मुहब्बत, दीन, दुनिया, शायरी,
हर दरीचे से तुझे देखा करें

46

सिसकते आब[1] में किस की सदा है
कोई दरिया की तह में रो रहा है

सवेरे मेरी इन आँखों ने देखा
ख़ुदा चारों तरफ़ बिखरा पड़ा है

समेटो और सीने में छुपा लो
ये सन्नाटा बहुत फैला हुआ है

हक़ीक़त सुर्ख़ मछली जानती है
समुन्दर कितना बूढ़ा देवता है

मुझे इन नीली आँखों ने बताया
तुम्हारा नाम पानी पे लिखा है

1. जल

47

हर जनम में उसी की चाहत थे
हम किसी और की अमानत[1] थे — 1. पूँजी

तेरी चादर में तन समेट लिया
हम कहाँ के दराज़ क़ामत[2] थे — 2. लंबा क़द

जैसे जंगल में आग लग जाए
हम कभी इतने ख़ूबसूरत थे

पास रहकर भी दूर-दूर रहे
हम नये दौर की मुहब्बत थे

इस ख़ुशी में मुझे ख़याल आया
ग़म के दिन कितने ख़ूबसूरत थे

48

मेरे बिस्तर पे सो रहा है कोई
मेरी आँखों में जागता है कोई

इन पहाड़ों में रहते हैं हमज़ाद[1]
बोल कर देखो बोलता है कोई

मेरा शैतान मर गया शायद
मेरे सीने पे सो रहा है कोई

रंग यह भी बहुत पुराना है
सोचता कोई, बोलता है कोई

सात पर्दों में छुप के देख लिया
कपड़े बदलो, तो देखता है कोई

1. मनुष्य के साथ जन्म लेनेवाला प्रेत

49

तेरा हाथ मेरे काँधे पर दरिया बहता जाता है
कितनी ख़ामोशी से दुख का मौसम गुज़रा जाता है

पहले ईंटें फिर दरवाज़े अबके छत की बारी है
याद नगर में एक महल था, वो भी गिरता जाता है

अपना दिल है एक परिन्दा जिस के बाज़ू टूटे हैं
हसरत से बादल को देखे, बादल उड़ता जाता है

सारी रात बरसने वाली बारिश का मैं आँचल हूँ
दिन में काँटों पर फैलाकर मुझे सुखाया जाता है

हमने तो बाज़ार में दुनिया बेची और ख़रीदी है
हमको क्या मालूम किसी को कैसे चाहा जाता है

50

पास से देखो जुगनू आँसू, दूर से देखो तारा आँसू
मैं फूलों की सेज पे बैठा, आधी रात का तन्हा आँसू

मेरी इन आँखों ने अक्सर ग़म के दोनों पहलू देखे
ठहर गया तो पत्थर आँसू बह निकला तो दरिया आँसू

एक गाँव में दो बारातें शायद दूल्हा बदल गया है
मेरी आँख में तेरा आँसू, तेरी आँख में मेरा आँसू

मौसम की खुश्बू में अक्सर ग़म की खुश्बू मिल जाती है
आमों के बाग़ों में कैसे सावन सावन बरसा आँसू

51

मेरी ज़िन्दगी भी मेरी नहीं, ये हज़ार ख़ानों में बट गई
मुझे एक मुट्ठी ज़मीन दे, ये ज़मीन कितनी सिमट गई

तेरी याद आए तो चुप रहूँ ज़रा चुप रहूँ तो ग़ज़ल कहूँ
ये अजीब आग की बेल है मेरे तनबदन से लिपट गई

मुझे लिखने वाला लिखे भी क्या, मुझे पढ़ने वाला पढ़े भी क्या
जहाँ मेरा नाम लिखा गया, वहीं रौशनाई उलट गई

न कोई ख़ुशी न मलाल है कि सभी का एक सा हाल है
तेरे सुख के दिन भी गुज़र गये, मेरी ग़म की रात भी कट गई

52

अब हुई दास्ताँ रक़म[1] बाबा
उँगलियाँ हो गईं क़लम[2] बाबा

चाँद अक्सर उदास रहता है
उसको आख़िर है किसका ग़म बाबा

आहटें चिलमनों से पूछती हैं
क़ैद कब तक रहेंगे हम बाबा

अब तो तन्हाइयाँ भी पूछती हैं
है तेरा भी कोई सनम[3] बाबा

1. लिखना
2. कट जाना,
3. प्रेमिका

53

फूल बरसे कहीं शबनम कहीं गौहर[1] बरसे
और इस दिल की तरफ़ बरसे तो पत्थर बरसे

बारिशें छत पे खुली जगहों पे होती हैं मगर
ग़म वो सावन है जो इन कमरों के अंदर बरसे

कौन कहता है कि रंगों के फ़रिश्ते उतरें
कुछ भी बरसे मगर इस बार तो घर घर बरसे

हम से मजबूर का गुस्सा भी अजब बादल है
अपने ही दिल से उठे अपने ही दिल पर बरसे

1. मोती

54

लहरों में डूबते रहे दरिया नहीं मिला
उस से बिछड़ के फिर कोई वैसा नहीं मिला

कुछ लोग थोड़ी देर तो अच्छे लगे मगर
हम जिसके हो सकें कोई ऐसा नहीं मिला

वो भी बहुत अकेला है शायद मेरी तरह
उसको भी कोई चाहने वाला नहीं मिला

दो चार दिन तो कितने सुकूं से गुज़र गये
सब ख़ैरियत रही, कोई अपना नहीं मिला

55

अगर तलाश करूँ कोई मिल ही जाएगा
मगर तुम्हारी तरह कौन मुझको चाहेगा

तुम्हें ज़रूर कोई चाहतों से देखेगा
मगर वो आँखें हमारी कहाँ से लाएगा

न जाने कब तेरे दिल पर नई सी दस्तक हो
मकान ख़ाली हुआ है तो कोई आएगा

मैं अपनी राह में दीवार बन के बैठा हूँ
अगर वो आया तो किस रास्ते से आएगा

तुम्हारे साथ ये मौसम फ़रिश्तों जैसा है
तुम्हारे बाद ये मौसम बहुत सताएगा

56

रेत भरी है इन आँखों में आँसू से तुम धो लेना
कोई सूखा पेड़ मिले तो उससे लिपट के रो लेना

उसके बाद बहुत तन्हा हो जैसे जंगल का रस्ता
जो भी तुमसे प्यार से बोले साथ उसी के हो लेना

कुछ तो रेत की प्यास बुझाओ जनम जनम की प्यासी है
साहिल पर चलने से पहले, अपने पाँव भिगो लेना

मैंने दरिया से सीखी है पानी की पर्दादारी
ऊपर ऊपर हँसते रहना, गहराई में रो लेना

रोते क्यों हो दिल वालों की क़िस्मत ऐसी होती है
सारी रात युँ ही जागोगे दिन निकले तो सो लेना

57

हम बिखरते हैं तीरगी[1] की तरह
दर्द बढ़ता है रौशनी की तरह

जब कभी बादलों में घिरता है
चाँद लगता है आदमी की तरह

सब नज़र का फ़रेब है वर्ना
कोई होता नहीं किसी की तरह

ख़ूबसूरत, उदास, ख़ौफ़ज़दा[2]
वो भी है बीसवीं सदी की तरह

1. अंधियारा
2. डरी हुई

58

अब तेरे मेरे बीच ज़रा फ़ासला भी हो
हम लोग जब मिलें तो कोई दूसरा भी हो

तू जानता नहीं मेरी चाहत अजीब है
मुझ को मना रहा है कभी ख़ुद ख़फ़ा भी हो

चुपचाप उसको बैठके देखूँ तमाम रात
जागा हुआ भी हो कभी सोया हुआ भी हो

पतझड़ में टूटते हुए पत्तों के साथ साथ
मौसम कभी तो बदलेगा ये आसरा भी हो

उसके लिए तो मैंने यहाँ तक दुआएँ कीं
मेरी तरह से कोई उसे चाहता भी हो

59

तमाम आग है दिल राह ख़ारो ख़स[1] की नहीं
यही गली है जहाँ सल्तनत हवस[2] की नहीं

1. काँटे और सूखी घास
2. लालसा

वह सब के सामने बाँहों में आके खो जाना
फ़रिश्तों जैसी ये मासूमियत हवस की नहीं

था एक शख़्स हरेक शख़्स उसपे आशिक़ था
ये बात कल की है दो चार दस बरस की नहीं

निसाब[3] दिल का कहाँ रख दिया क्लासों में
ग़ज़ज की आग है ये, काग़ज़ों के बस की नहीं

3. कोर्स की पुस्तकें

60

हमारा दिल सवेरे का सुन्हेरा जाम हो जाए
चराग़ों की तरह आँखें जलें और शाम हो जाए

अजब हालात थे यूँ दिल का सौदा हो गया आख़िर
मुहब्बत की हवेली जिस तरह नीलाम हो जाए

मुझे मालूम है उसका ठिकाना फिर कहाँ होगा
परिन्दा आसमाँ छूने में जब नाकाम हो जाए

उजाले अपनी यादों के हमारे साथ रहने दो
न जाने किस गली में ज़िन्दगी की शाम हो जाए

61

दिखला के यही मंज़र बादल चला जाता है
पानी से, मकानों पर कैसे लिखा जाता है

उस मोड़ पे हम दोनों कुछ देर बहुत रोए
जिस मोड़ से दुनिया को इक रास्ता जाता है

दोनों से चलो पूछें उसको कहीं देखा है
इक क़ाफ़िला आता है, इक क़ाफ़िला जाता है

दुनिया में कहीं इनकी तालीम[1] नहीं होती
दो चार किताबों को घर में पढ़ा जाता है

1. शिक्षा

62

राहों में कौन आया गया कुछ पता नहीं
उसको तलाश करते रहे जो मिला नहीं

मैं चुप रहा तो और ग़लतफ़हमियाँ बढ़ीं
वो भी सुना है उसने जो मैं ने कहा नहीं

चेहरे पे आँसुओं ने लिखी हैं कहानियाँ
आईना देखने का मुझे हौसला नहीं

63

ख़्वाब की वादियों से निकलता हुआ
चाँद सो कर उठा आँख मलता हुआ

एक आहट सी नज़दीक आती हुई
लॉन में शाम का फूल खिलता हुआ

मैं भी आ ही गया तेरे बाज़ार तक
रोज़ चेहरे पे चेहरा बदलता हुआ

64

हमको बेकार लिये फिरते हो बाज़ारों में
हम न यूसुफ[1] हैं न यूसुफ़ के ख़रीदारों में

मुल्क तक़्सीम[2] हुए दिल तो सलामत है अभी
खिड़कियाँ हम ने खुली रक्खी हैं दीवारों में

दिल में सौ ग़म हैं तेरी याद है तन्हा-तन्हा
एक उजली सी परी फिरती है बीमारों में

इक ज़बां जिसको ग़ज़ल कहिये वो मुजरिम ठहरी
शाहज़ादी को चुना जाएगा दीवारों में

1. एक पैगंबर का नाम जिसे बाज़ार में बेचा गया था,
2. विभाजित

65

वो अपने घर चला गया अफ़्सोस मत करो
इतना ही उसका साथ था अफ़्सोस मत करो

इन्सान अपने आप में मजबूर है बहुत
कोई नहीं है बेवफ़ा अफ़्सोस मत करो

इस बार तुम को आने में कुछ देर हो गई
थक हार के वो सो गया अफ़्सोस मत करो

इस ज़िन्दगी के मुझ पे कई कर्ज़ हैं मगर
मैं ज़ल्द लौट आऊँगा अफ़्सोस मत करो

ये देखो फिर से आ गयीं फूलों पे तितलियाँ
इक रोज़ वो भी आएगा अफ़्सोस मत करो

66

सोचा नहीं अच्छा बुरा, देखा सुना कुछ भी नहीं
माँगा ख़ुदा से रात दिन तेरे सिवा कुछ भी नहीं

सोचा तुझे, देखा तुझे, चाहा तुझे, पूजा तुझे
मेरी ख़ता मेरी वफ़ा तेरी ख़ता कुछ भी नहीं

जिस पर हमारी आँख ने मोती बिछाए रात दिन
भेजा वही काग़ज़ उसे हम ने लिखा कुछ भी नहीं

इक शाम के साए तले बैठे रहे वो देर तक··· !
आँखों से कीं बातें बहुत मुँह से कहा कुछ भी नहीं

67

उदासी का ये पत्थर आँसुओं से नम[1] नहीं होता
हज़ारों जुगनुओं से भी अँधेरा कम नहीं होता

कभी बरसात में शादाब बेलें[2] सूख जाती हैं
हरे पेड़ों के गिरने का कोई मौसम नहीं होता

बहुत से लोग दिल को इस तरह महफ़ूज़ रखते हैं
कोई बारिश हो ये काग़ज़ ज़रा भी नम नहीं होता

बिछड़ते वक़्त कोई बदगुमानी दिल में आ जाती
उसे भी ग़म नहीं होता मुझे भी ग़म नहीं होता

1. गीला
2. हरी बेलें

68

मुझ से बिछड़ के खुश रहते हो
मेरी तरह तुम भी झूठे हो

इक दीवार पे चाँद टिका था
मैं ये समझा तुम बैठे हो

उजले उजले फूल खिले थे
बिल्कुल जैसे तुम हँसते हो

मुझ से शाम बता देती है
तुम कैसे कपड़े पहने हो

तुम तन्हा दुनिया से लड़ोगे
बच्चों सी बातें करते हो

69

अब दिलों के अलावा पढ़ना क्या
अपना काग़ज़ क़लम से रिश्ता क्या

आँसुओं से मेरी हथेली पर
कौन पढ़ता कि उसने लिक्खा क्या

इक महक, जैसे रात की रानी
क्या बताऊँ कि मैं ने सोचा क्या

जब भी देखो उसी तरफ़ नज़रें
चाँद भी है किसी का चेहरा क्या

तुम मेरी ज़िन्दगी हो ये सच है
ज़िन्दगी का मगर भरोसा क्या

70

मुसाफ़िर के रस्ते बदलते रहे
मुक़द्दर में चलना था चलते रहे

मेरे रास्तों में उजाला रहा
दिये उसकी आँखों में जलते रहे

कोई फूल सा हाथ काँधे पे था
मेरे पाँव शोलों पे चलते रहे

वो क्या था जिसे हमने ठुकरा दिया
मगर उम्र भर हाथ मलते रहे

मुहब्बत अदावत[1], वफ़ा, बेरुखी[2]
किराए के घर थे बदलते रहे

1. दुश्मनी, 2. अलगाव

71

जहाँ पेड़ पर चार दाने लगे
हवा-ओ-हवस[1] के निशाने लगे

1. लोभ, लालच

हुई शाम यादों के इक गाँव से
परिन्दे उदासी के आने लगे

घड़ी दो घड़ी मुझको पलकों पे रख
यहाँ आते आते ज़माने लगे

पढ़ाई लिखाई का मौसम कहाँ
किताबों में ख़त आने जाने लगे

72

यूँ दिल को गुदगुदाया हर ग़म जगा दिया है
उसने हँसी हँसी में हम को रुला दिया है

पूछा बहुत जो हमने किस ओर अब मिलोगे
चुटकी में रेत ले कर उसने उड़ा दिया है

रौशन थे रात हम से ख़ेमे मुसाफ़िरों के
दिन के सफ़र में सब ने हम को भुला दिया है

जिन काग़ज़ों पे दिल की क़ीमत लिखी हुई थी
इन दीमकों को किसने, उनका पता दिया है

73

भूल शायद बहुत बड़ी कर ली
हमने दुनिया से दोस्ती कर ली

तुम मुहब्बत को खेल कहते हो
हमने बर्बाद ज़िन्दगी कर ली

सबकी नज़रें बचा के देख लिया
आँखों आँखों में बात भी कर ली

आशिक़ी में बहुत ज़रूरी है
बेवफ़ाई कभी कभी कर ली

धड़कनें दफ़्न हो गयी होंगी
दिल में दीवार क्यों खड़ी कर ली

74

बेवफ़ा रास्ते बदलते हैं
हम सफ़र साथ साथ चलते हैं

किसके आँसू छुपे हैं फूलों में
चूमता हूँ तो होंठ जलते हैं

उसकी आँखों को ग़ौर से देखो
मन्दिरों में चराग़ जलते हैं

एक दीवार वो भी शीशे की
दो बदन पास पास जलते हैं

काँच के, मोतियों के, आँसू के
सब खिलोने ग़ज़ल में ढलते हैं

75

इसे फ़न नहीं पर्दा-ए-फन[1] कहो
ग़ज़ल को चराग़ों की चिलमन कहो

वो जब चाहे सर सब्ज़[2] कर दे मुझे
मेरे वास्ते उसको सावन कहो

क़दम चाँद से मेरे दिल पर रखो
इसे भी कभी घर का आँगन कहो

कई बाग़ हैं इस ज़मीं के तले
मेरे दिल को यादों का मदफ़न[3] कहो

1. कला
2. हरा भरा
3. दफ़्न होने का स्थान

76

सरे राह कुछ भी कहा नहीं कभी उसके घर में गया नहीं
मैं जनम जनम से उसी का हूँ, उसे आज तक यह पता नहीं

उसे पाक नज़रों से चूमना भी इबादतों[1] में शुमार है
कोई फूल लाख क़रीब हो कभी मैं ने उसको छुवा नहीं

1. पूजा

ये ख़ुदा की देन अजीब है कि इसी का नाम नसीब है
जिसे तूने चाहा वो मिल गया, जिसे मैं ने चाहा मिला नहीं

इसी शह्र में कई साल से मेरे कुछ क़रीबी अज़ीज़ हैं
उन्हें मेरी कोई ख़बर नहीं मुझे उनका कोई पता नहीं

77

रातों के मुसाफ़िर हो अँधेरों में रहोगे
जुगनू की तरह दिन में जलोगे न बुझोगे

सब लोग ये कहते हैं कि तुम लौट गये हो
तुम साथ थे, तुम साथ हो, तुम साथ रहोगे

क्या अनकही ग़ज़लों की किताबें हैं वो आँखें
जब पढ़ नहीं सकते हो तो क्या ख़ाक लिखोगे

दिल्ली हो कि लाहौर कोई फ़र्क़ नहीं है
सच बोल के हर शहर में ऐसे ही रहोगे

78

कभी यूँ मिलो कोई मसलेहत[1] कोई ख़ौफ़ दिल में ज़रा न हो
मुझे अपनी कोई ख़बर न हो तुझे अपना कोई पता न हो

1. समझौता

कभी धूप दे, कभी बदलियाँ, दिलो जाँ से दोनों क़ुबूल हैं
मगर उस महल में न क़ैद कर जहाँ ज़िन्दगी की हवा न हो

तेरे अख़्तियार में क्या नहीं मुझे इस तरह से नवाज़ दे
युँ दुआएँ मेरी क़ुबूल हों मेरे लब पे कोई दुआ न हो

कभी हम भी उसके क़रीब थे दिलो जाँ से बढ़के अज़ीज़ थे
मगर आज ऐसे मिला है वो कभी पहले जैसे मिला न हो

79

घर से निकले अगर हम बहक जायंगे
वो गुलाबी कटोरे छलक जायंगे

दुश्मनी का सफ़र इक क़दम दो क़दम
तुम भी थक जाओगे हम भी थक जायेंगे

नाम पानी पे लिखने से क्या फ़ायदा
लिखते लिखते तेरे हाथ थक जायंगे

ये परिन्दे भी खेतों के मजदूर हैं
लौट के अपने घर शाम तक जायंगे

दिन में परियों की कोई कहानी न सुन
जंगलों में मुसाफ़िर भटक जायंगे

80

सूरज चंदा जैसी जोड़ी हम दोनों
दिन का राजा रात की रानी हम दोनों

जगमग जगमग दुनिया का मेला झूठा
सच्चा सोना सच्ची चाँदी हम दोनों

इक दूजे से मिल कर पूरे होते हैं
आधी आधी एक कहानी हम दोनों

पर्वत पर्वत बादल बादल किरन किरन
उजले परवाले दो पंछी हम दोनों

मैं देहलीज़ का दीपक हूँ आ तेज़ हवा
रात गुज़ारें अपनी अपनी हम दोनों

81

आँसुओं के साथ सब कुछ बह गया
दिल में सन्नाटा सा बाक़ी रह गया

छोड़ आया हूँ ज़मीनो आसमाँ
फ़ासिला अब और कितना रह गया

रफ़्ता रफ़्ता बुझ गये सारे चराग़
एक चेहरा झिलमिलाता रह गया

बस्तियाँ धुँधला गयीं फिर खो गयीं
रौशनी का शहर पीछे रह गया

82

ख़ाक जब ख़ाकसार[1] लगती है
किस क़दर बावक़ार[2] लगती है

ख़ून पानी बना के पीती है
धूप सरमायादार[3] लगती है

सब्र कर सब्र करने वालों की
बेबसी शानदार लगती है

आजकल मेरे पाँव के नीचे
कोई शय जानदार लगती है

गर्म मौसम में गर्म चाय भी
बद मिज़ाजों का प्यार लगती है।

1. नम्र
2. इज़्ज़त वाली
3. पूँजीपति

□□